FRAG MICH WAS

Vulkane

Von Michael Röscher

Illustriert von Gerd Ohnesorge

Mit vielen lustigen Zeichnungen
von Angelika Stubner

Bibliografische Information Der Deutschen Bibliothek
Die Deutsche Bibliothek verzeichnet diese Publikation
in der Deutschen Nationalbibliografie;
detaillierte bibliografische Daten sind im Internet
über *http://dnb.ddb.de* abrufbar.

*Der Umwelt zuliebe ist dieses Buch
auf chlorfrei gebleichtem Papier gedruckt.*

ISBN-10: 3-7855-5755-8
ISBN-13: 978-3-7855-5755-6
Neuausgabe des Titels *Mein erstes Frage- und Antwortbuch Vulkane*
1. Auflage 2006
© 2001 Loewe Verlag GmbH, Bindlach
Umschlagillustration: Gerd Ohnesorge
Vignetten: Angelika Stubner
Umschlaggestaltung: Andreas Henze
Printed in Italy (011)

www.loewe-verlag.de

Inhalt

Wie ist die Erde aufgebaut? 8
Wie entstehen Vulkane? 10
Wie entstehen Vulkane unter Wasser? 12
Was sind Hotspots? 14
Wie ist ein Vulkan aufgebaut? 16
Was ist Lava? 18
Was passiert bei einem Vulkanausbruch? .. 20
Was spuckt ein Vulkan aus? 22
Wie wurde Pompeji zerstört? 24
Wie beeinflussen Vulkane unser Klima? ... 26
Was ist ein Geysir? 28
Was ist eine Caldera? 30
Was macht ein Vulkanologe? 32
Warum sind Vulkane gute Nachbarn? 34
Wer gab den Vulkanen ihren Namen? 36
Wo gibt es im Weltall Vulkane? 38
Welche berühmten Vulkane gibt es? 40
Prüfe dein Wissen! 42
Register 44

Wie ist die Erde aufgebaut?

Die Erde besteht aus mehreren Schichten. Einige dieser Schichten sind beweglich: Sie bestehen aus flüssigem Metall oder Gestein. In der Mitte der Erdkugel ist der innere Erdkern. Um ihn herum liegt der äußere Erdkern. Ein dicker Erdmantel umgibt diese inneren Schichten. Der Boden, auf dem wir stehen, ist die Erdkruste. Sie ist im Vergleich zu den anderen Schichten der Erde so dünn wie die Schale einer Zwiebel.

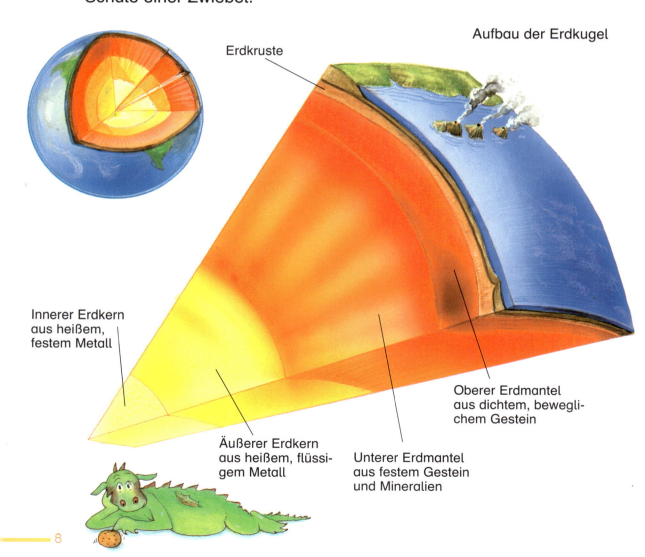

Aufbau der Erdkugel

- Erdkruste
- Innerer Erdkern aus heißem, festem Metall
- Äußerer Erdkern aus heißem, flüssigem Metall
- Unterer Erdmantel aus festem Gestein und Mineralien
- Oberer Erdmantel aus dichtem, beweglichem Gestein

Die Erdkruste besteht aus vielen verschiedenen Platten. Auf diesen Platten liegen sowohl die Meere als auch die Kontinente. Deshalb heißen sie Kontinentalplatten. Weil der obere Erdmantel immer in Bewegung ist, verschieben sich die Platten. Durch diese so genannte Kontinentaldrift verändert sich im Laufe der Zeit das Gesicht der Erde.

Das Gestein im oberen Erdmantel ist immer in Bewegung.

Bewegungsrichtungen der größten Kontinentalplatten

Vor 300 Millionen Jahren

Der Urkontinent Pangäa

Vor 200 Millionen Jahren

Pangäa zerbricht in mehrere Teile.

Heute

Europa und Nordamerika driften pro Jahr sieben Zentimeter auseinander.

Wie entstehen Vulkane?

Vulkane können durch die Verschiebung der Kontinentalplatten entstehen. Wenn zwei Platten aufeinander stoßen, schiebt sich eine Platte unter die andere. Das Gebiet, in dem das geschieht, heißt Subduktionszone. Die absinkende Platte gerät in den oberen Erdmantel. Dort schmilzt das Gestein und wird flüssig. Dieses flüssige Gestein muss irgendwohin. Es sucht einen Weg nach oben und durchbricht die Erdkruste. Ein neuer Vulkan entsteht.

Schnitt durch den Ozeanboden

Wo sich eine ozeanische Platte unter eine kontinentale Platte schiebt, entsteht ein Tiefseegraben.

Die ozeanische Platte wird nach unten gedrückt. Dadurch schmilzt das Gestein des oberen Erdmantels.

Das geschmolzene Gestein sucht einen Weg nach oben.

Durch die ständige Bewegung der Platten gibt es an den Rändern der Kontinentalplatten, in den Subduktionszonen, besonders viele Vulkane. Die meisten liegen am Rande der Pazifischen Platte. Diese Kontinentalplatte ist von einer ganzen Kette von Vulkanen umgeben. An diesem Feuerring qualmen und brennen über tausend Vulkane. Immer wieder kommt es in dieser Region zu Vulkanausbrüchen und schweren Erdbeben.

Die gefährlichsten Vulkane liegen am westlichen Rand des Feuerrings: der *Krakatau* in Indonesien und der *Pinatubo* auf den Philippinen.

Wie entstehen Vulkane unter Wasser?

Unterwasservulkane entstehen dort, wo zwei Kontinentalplatten unter Wasser auseinander treiben. Diese Gebiete nennt man Divergente Plattenzonen. Bewegen sich zwei Platten auseinander, öffnet sich ein Spalt. Durch diesen Spalt dringt flüssiges Gestein aus dem Erdmantel nach oben, und es entsteht ein Unterwasservulkan.

Bewegen sich zwei Kontinentalplatten auseinander, dringt flüssiges, heißes Gestein nach oben. Am Meeresgrund erkaltet es zu hartem Gestein. So wird ständig neue Erdkruste nachgebildet.

Spalt

Flüssiges Gestein dringt nach oben.

Das flüssige Gestein erkaltet und wird hart.

Neue Erdkruste

Mittelozeanischer Rücken

Das am Meeresgrund erkaltete Gestein bildet im Laufe der Zeit Gebirgszüge unter Wasser. Das längste dieser Gebirge ist der Mittelozeanische Rücken. Er verläuft über 65 000 Kilometer durch das Meer.

● An einigen Stellen des Meeresbodens qualmt es gewaltig. Das sind die so genannten Smoker oder Raucher. Sie entstehen, wenn Wasser in Ritzen und Spalten in der Nähe von Vulkanen fließt. Dabei wird das Wasser immer heißer. Strömt das getrübte heiße Wasser dann aus dem Meeresgrund, sieht es so aus, als käme Qualm aus dem Boden.

Kaltes Wasser
Erhitztes Wasser
Schwarze Raucher
Weißer Raucher

Es gibt weiße und schwarze Raucher, je nachdem, welche Metalle das Wasser enthält.

Was sind Hotspots?

Der Name Hotspot stammt aus dem Englischen. Er bedeutet so viel wie heißer Fleck. An solchen heißen Flecken blubbert ununterbrochen flüssiges Gestein aus dem Erdmantel nach oben. Es entstehen Vulkane, die andauernd heißen Nachschub bekommen. Deshalb brechen die Vulkane an den Hotspots besonders häufig aus.

Vulkane, die durch Hotspots entstehen, liegen überall verteilt auf den Kontinentalplatten der Erde.

Hotspots auf der ganzen Welt

Erdmantel
Kontinentalplatte
Vulkan
Hotspot: Heißes, flüssiges Gestein steigt nach oben.

Wo entstehen Hotspot-Vulkane?

Hotspots entstehen dort, wo das heiße Gestein des Erdmantels besonders stark in Bewegung ist. Wenn an diesen Stellen die Erdkruste dünn ist, bilden sich Vulkane.

● An Hotspots steigt ständig heißes, flüssiges Gestein nach oben. Dadurch entsteht ein Vulkan. Verschiebt sich die Kontinentalplatte, auf der sich dieser Vulkan gebildet hat, so verschiebt sich automatisch auch der Vulkan. Und darum wandert der Vulkan über den Hotspot hinweg. Er bekommt von unten keinen Nachschub mehr und erlischt. Gleichzeitig bildet sich über dem Hotspot ein neuer Vulkan.

Über einem Hotspot bildet sich ein Vulkan.

Die Kontinentalplatte verschiebt sich, über dem Hotspot entsteht ein neuer Vulkan.

Im Laufe der Zeit entsteht eine Kette von erloschenen Vulkanen.

● Ein Beispiel für eine Gruppe von Hotspot-Vulkanen ist die Insel Hawaii. Man kann auf Hawaii viele aktive Vulkane beobachten. Einer von ihnen ist der *Mauna Loa*. Er ist der größte Vulkan der Erde und über 10 000 Meter hoch. Der größte Teil des *Mauna Loa* befindet sich aber unter Wasser.

Mauna Loa

Wie ist ein Vulkan aufgebaut?

Anders als Berge haben Vulkane keine Spitze, sondern eine runde Mulde, einen Krater. In der Mitte dieses Kraters befindet sich der Schlot. Durch den Schlot schießt heißes, flüssiges Gestein, das so genannte Magma, nach oben. Wenn man den Schlot hinunterklettern könnte, käme man in die Magmakammer. In dieser großen Höhle unter dem Vulkan sammelt sich das Magma, bis die Kammer gefüllt ist. Dann bricht der Vulkan aus.

Schnitt durch einen Vulkan

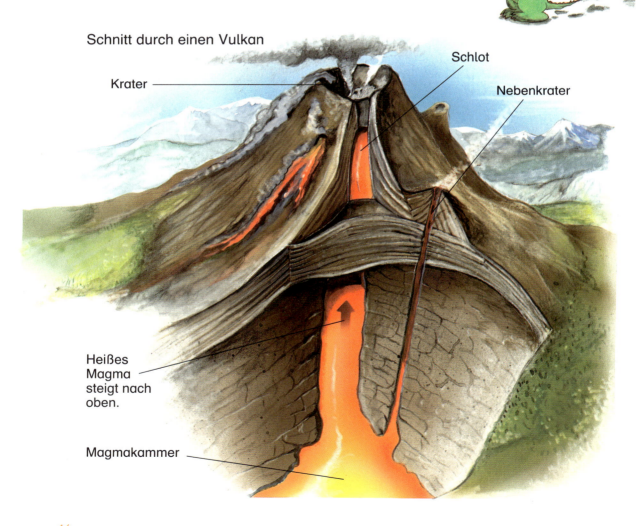

- Krater
- Schlot
- Nebenkrater
- Heißes Magma steigt nach oben.
- Magmakammer

● Vulkane können sehr unterschiedliche Formen haben. Ihr Aussehen hängt von der Art des Magmas ab. Bei zähflüssigem Magma bilden sich steile Vulkanhänge, bei dünnflüssigem flache, breite Hänge. Manche Vulkane sind lange Spalten, aus denen Magma herausfließt. Einige Vulkane haben einen Hauptkrater, andere haben einen oder mehrere Nebenkrater.

Stratovulkan
Stratovulkane haben einen Hauptkrater. Durch das zähflüssige Magma bilden sich steile Vulkanhänge.

Spaltenvulkan
Bei Spaltenvulkanen fließt dünnflüssiges Magma aus einer oder mehreren Spalten im Boden. Deshalb bilden sich keine Vulkanhänge.

Schnelle Vulkane
Die meisten Vulkane entstehen über Millionen von Jahren. Doch manche sind so explosiv, dass innerhalb weniger Jahre hohe Berge entstehen. Der *Paricutín* in Mexiko erhebt sich heute dort, wo 1943 noch ein flacher Acker war, mit über 450 Metern.

Schildvulkan
Schildvulkane haben einen Hauptkrater und einen oder mehrere Nebenkrater. Durch das dünnflüssige Magma bilden sich flache Vulkanhänge.

Was ist Lava?

Unter der Erdoberfläche heißt das geschmolzene Gestein Magma. Sobald Magma bei einem Vulkanausbruch austritt, wird es Lava genannt. Lava ist ein glühender Brei aus Steinen, Gasen und Kieselsäure. Man unterscheidet zwei Arten von Lava: die dickflüssige Aa-Lava und die dünnflüssige Pahoehoe-Lava (das spricht man so: pahoihoi).

Dünnflüssige Lava enthält viele Gase. Sie fließt besonders schnell. Dickflüssige Lava enthält viel Kieselsäure und fließt langsamer.

● An der Luft erkaltet Lava und wird fest. Aa-Lava erstarrt in Form von Blöcken, die so scharfe Ränder haben, dass man nicht darüber laufen kann. Die dünnflüssige Pahoehoe-Lava wird auch Strick- oder Seillava genannt, weil sie in dieser Form erkaltet. Ihre Oberfläche ist so glatt, dass man barfuß darüber laufen kann. Unter Wasser erstarrt Lava zu runden Kissen, deshalb wird sie auch Kissenlava genannt.

Aa-Lava

Pahoehoe-Lava
(Stricklava)

Kissenlava

● Oft sind die Ortschaften in der Nähe von Vulkanen durch Lavaströme bedroht. Ein Lavastrom kann nur selten aufgehalten werden. Er schiebt sich unaufhaltsam vorwärts und verbrennt alles, was ihm in den Weg kommt. Besonders gefährlich wird es, wenn ein Vulkan sehr schnell fließende, gashaltige Lava ausspuckt. Die beste Möglichkeit, sich vor der Lava zu schützen, ist deshalb, davor zu flüchten.

Was passiert bei einem Vulkanausbruch?

Ist die Lava besonders zähflüssig, kann sie den Schlot eines Vulkans verstopfen. Dann kommt es zu einer Katastrophe: Der Vulkan explodiert, er bricht aus. Diese Explosionen sind so gewaltig, dass die Erde um den Vulkan bebt. Lavafontänen schießen in die Luft und gehen als Ascheregen auf die Erde nieder. Der Schnee an den Vulkanhängen schmilzt und bildet Schlammlawinen, die alles mit sich in das Tal reißen.

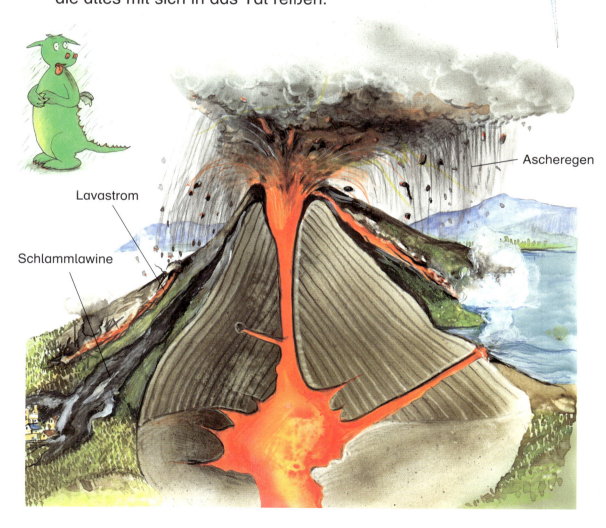

Ascheregen
Lavastrom
Schlammlawine

Es gibt verschiedene Arten von Vulkanausbrüchen. Bei denen des Vesuv-Typs wird das Magma in einer riesigen Explosion aus dem Vulkan gesprengt. Die Vulkane des Hawaii-Typs spucken andauernd dünne Lava aus. Vulkane des Stromboli-Typs brechen zwar oft, aber nur kurz aus. Unberechenbarer sind Vulkane des Pelée-Typs: Ein Klumpen Magma verstopft den Schlot, bis sich die Gase im Magma plötzlich einen anderen Weg nach draußen suchen. Die gefährlichsten Ausbrüche sind aber die des Krakatau-Typs.

Vesuv-Typ

Hawaii-Typ

Stromboli-Typ

Pelée-Typ

Ausbruch des Krakatau

Krakatau-Typ

Die größte Explosion

Am 27. August 1883 brach der *Krakatau* nach 200 Jahren Ruhe aus. Dieser Vulkanausbruch in Südostasien gilt als der größte der Geschichte. Der Schlot hatte sich ganz mit Lava zugesetzt, bis der Druck im Vulkan so groß geworden war, dass die gesamte Vulkaninsel explodierte. Eine 50 Kilometer hohe Feuersäule schoss aus dem Vulkan. Die Explosion war 5000 Kilometer weit zu hören! Bei dieser Naturkatastrophe kamen 36 000 Menschen ums Leben, die meisten in der Flutwelle, die die Explosion ausgelöst hatte.

Was spuckt ein Vulkan aus?

Ein Vulkan spuckt natürlich Lava und Asche aus. Bei einem Vulkanausbruch treten aber auch viele gefährliche Gase aus. Darunter sind ätzender Chlorwasserstoff und Fluorwasserstoff. Kohlendioxid ist geruchlos und verdrängt den für Menschen wichtigen Sauerstoff. Oft rauschen heiße Gaswolken mit mehr als 500 Kilometern in der Stunde den Vulkan herunter. Sie ersticken und verbrennen alles, was ihnen in den Weg kommt.

Gase, die bei einem Vulkanausbruch austreten:

Geschmolzener Schnee und Erde bilden Schlammlawinen, die den Vulkan hinunterstürzen.

Stickstoffdioxid
Kohlendioxid
Schwefeldioxid
Wasserdampf
Chlor- und Fluorwasserstoff
Asche
Ascheregen
Lapilli
Lava

Die Menge an Asche ist nicht immer ein Zeichen für die Gefährlichkeit eines Vulkanausbruchs. 1980 brach der *Mount St. Helens* besonders heftig aus. Es wurde aber nur wenig Asche ausgestoßen.

- Vesuv (79 n. Chr.) – 3 km³
- Tambora (1815) – 80 km³
- Krakatau (1883) – 18 km³
- Mount St. Helens (1980) – 1 km³
- Pinatubo (1991) – 18 km³

● Wird Lava bei einem Vulkanausbruch in die Luft geschleudert, erstarren die kleinsten Teile zu Staub und Asche. Sie gehen als Ascheregen auf die Erde nieder. Die zentimetergroßen Stücke der erkalteten Lava werden Lapilli genannt. Es gibt aber auch hausgroße Schlackestücke, die so genannten Vulkanbomben. Sie treffen mit voller Wucht und hoher Geschwindigkeit auf die Erde.

Vulkanbombe

Die gefährlichsten Vulkanausbrüche

Wissenschaftler beschreiben mit einer Skala von 0 (sehr schwach) bis 8 (sehr explosiv), wie gefährlich ein Vulkanausbruch ist.

Dieses waren die gefährlichsten Ausbrüche der letzten Jahrhunderte:

Vulkan	Datum	Bewertung
Oraefajokull, Island	1362	6
Tambora, Indonesien	1815	7
Krakatau, Indonesien	1883	6
Novarupta, Alaska	1912	6

Wie wurde Pompeji zerstört?

Im Jahre 79 n. Chr. brach mit einer gewaltigen Explosion der Vulkan *Vesuv* aus. Begleitet von Erdbeben, wurde eine gewaltige Wolke aus Asche, Staub und Lapilli ausgespuckt. In der nahe gelegenen Stadt Pompeji regnete es meterdick Asche. Viele Menschen starben durch die heißen, giftigen Gaswinde und wurden von Asche und Schlackestücken zugedeckt. Die ganze Stadt wurde vernichtet.

So arbeiten Archäologen

In der Asche blieben die Formen der vom Vulkanausbruch überraschten Menschen und Tiere zurück. Gießt man Gips in diese Hohlformen, erhält man eine Nachbildung ihrer Körper.

Asche
Hohlform
Gipsform

Plinius der Jüngere war gerade auf dem Weg zu seinem Onkel in Pompeji, als der *Vesuv* ausbrach. Einem Geschichtsschreiber berichtete er von dem Vulkanausbruch. Seitdem heißen Vulkanausbrüche des Vesuv-Typs auch *Plinianische Ausbrüche*.

Bei Ausgrabungen in Pompeji fand man viele Gegenstände aus der römischen Zeit: Münzen, Schmuck und Werkzeuge. Man grub auch Bodenbilder aus bunten Steinen, die Mosaike genannt werden, aus. Dieses hier bedeutet: „Achtung! Bissiger Hund!"

Wie beeinflussen Vulkane unser Klima?

Bei Vulkanausbrüchen werden große Mengen Asche in hohe Luftschichten geschleudert. Diese Luftschichten, auch Atmosphäre genannt, transportieren die Aschewolken um die gesamte Erde. Das kann viele Auswirkungen haben. Die Vulkanasche filtert die Sonnenstrahlen, sodass Sonnenaufgänge plötzlich seltsame Farben haben. Außerdem verdunkeln die Aschewolken die Sonne, und die Temperatur auf der Erde kann fallen.

Aschewolke des *Usu* in Japan

Bei einem Vulkanausbruch kann so viel Asche ausgestoßen werden, dass die Sonne verdunkelt und der Tag zur Nacht wird.

● Bei dem Ausbruch des *Krakatau* (1883) wurden Ascheteilchen besonders hoch in die Atmosphäre geschleudert. Diese Ascheteilchen reisten monatelang mit der Luft um die gesamte Erde. Sie waren schuld daran, dass es auf der Erde in dieser Zeit kälter wurde. Die Aschewolken fingen die meisten Sonnenstrahlen ab. So blieben die Durchschnittstemperaturen damals deutlich unter den Temperaturen der anderen Jahre.

Die riesigen Aschewolken nach einem Vulkanausbruch treiben in großer Höhe um die Welt. Dabei verdunkeln sie das Sonnenlicht.

● Die Ozonschicht umgibt die Erde und schützt uns vor gefährlicher ultravioletter Strahlung aus dem Weltall. Doch es gibt Gase, die die Ozonschicht zerstören. Eines davon ist Fluorwasserstoff, das auch bei Vulkanausbrüchen freigesetzt wird. Am meisten hat aber der Mensch mit seiner Industrie der Ozonschicht geschadet. Heute versucht man, die schädlichen Gase durch ungefährliche Stoffe zu ersetzen.

Entwicklung des Ozonlochs

Was ist ein Geysir?

Ein Geysir ist eine heiße Quelle, aus der in meist regelmäßigen Abständen eine Wasserfontäne hoch in die Luft steigt. Das Wasser wird in der Tiefe von vulkanischem Gestein erhitzt, bis es verdampft. Die heißen Dampfblasen drücken das kalte Wasser darüber nach oben, sodass es blitzartig in die Luft schießt.

Kaltes Grundwasser sickert nach unten und wird von vulkanischem Gestein erhitzt, bis es verdampft. Wenn der Wasserdampf in der Tiefe nicht mehr genug Platz hat, sucht er sich plötzlich einen Weg nach oben.

Auf der Insel Island schießt das Wasser bis zu 50 Meter hoch in die Luft.

○ Neben den Geysiren gibt es noch weitere vulkanische Aktivitäten. Aus Spalten im Vulkankegel treten beispielsweise Dampf- und Rauchsäulen aus, die Fumarolen heißen. In so genannten Schlammtöpfen blubbern Gasblasen langsam vor sich hin. Sind die Schlammtöpfe nicht zu heiß, können auch Menschen darin baden. Ist das Wasser in den Vulkanquellen besonders kalkhaltig, bilden sich so genannte Kalksinter.

Fumarole

Schlammtopf

Kalksinterterrasse

○ Mit der unterirdischen vulkanischen Energie wird auch Strom hergestellt. Dazu braucht man ein Erdwärmekraftwerk. Der heiße Dampf aus der Tiefe treibt große Turbinen an, die Strom erzeugen.

Heißwasserversorgung auf Island

Auf Island, wo es eine besonders hohe vulkanische Aktivität gibt, erhitzt das vulkanische Gestein in der Tiefe das Wasser, mit dem die Wohnungen beheizt werden.

Was ist eine Caldera?

Manchmal stürzt bei einem großen Vulkanausbruch die Magmakammer ein, wenn sie ganz schnell entleert wird. Dann bricht auch die Kraterspitze mit ein, und es bildet sich ein großer, weiter Kessel: eine Caldera. Solche Calderen sind viele Kilometer breit. Oft sammelt sich Regenwasser in dem Kessel, und ein großer Vulkansee entsteht.

Ein Vulkan bricht gerade aus.

Die Kraterspitze und die Magmakammer brechen ein.

In der Caldera sucht sich das Magma einen neuen Weg nach oben.

In einer Caldera kann auch ein neuer Vulkan entstehen.

🟠 Manche Vulkane sind sehr aktiv und brechen andauernd aus. Andere haben sehr lange Ruhepausen. Man weiß nie, wann und ob sie wieder ausbrechen werden. Von erloschenen Vulkanen nimmt man mit Sicherheit an, dass sie nie wieder ausbrechen werden. Sie sind über Jahrmillionen Wind und Regen ausgesetzt. Stück für Stück wird Erde und Gestein abgetragen, bis man kaum noch erkennen kann, dass der Berg ein Vulkan war.

Aktiver Vulkan

Erloschener und abgetragener Vulkan

Ruhender Vulkan

Vulkane in Deutschland

In der Eifel, im Westen Deutschlands, liegen zahlreiche erloschene Vulkane. Das *Gemündener Maar*, der *Laacher See* und das *Totenmaar* sind Vulkanseen, die sich in den Trichtern erloschener Vulkane gebildet haben. Die Erdschichten und Gesteinsarten in dieser Region verraten uns auch heute noch viel über Vulkane.

🟠 Auch in heutiger Zeit entstehen noch Vulkane. 1963 wurde mitten auf dem Meer eine Rauchwolke entdeckt. Kurze Zeit später konnte man schon eine kleine, rauchende Insel sehen: die Spitze eines aktiven Vulkans. Durch die Vulkanausbrüche wurde diese Insel immer größer. Man gab ihr den Namen Surtsey. Zurzeit ruht der Vulkan, und Pflanzen und Tiere siedeln sich auf der Vulkaninsel an.

Insel Surtsey

Was macht ein Vulkanologe?

Vulkanologen sind Frauen und Männer, die trotz der Gefahr Vulkane erforschen. Dabei müssen sie oft ganz nah an die Vulkankrater heran. Wegen der Hitze tragen sie Spezialkleidung, mit der sie eher wie Astronauten aussehen als wie Forscher. Damit schützen sie sich auch vor scharfkantigem Lavagestein und giftigen Gasen. An einigen Vulkanen steht sogar ein Forschungsgebäude, ein Observatorium. Von dort aus beobachten Wissenschaftler rund um die Uhr die Vulkantätigkeiten.

Vulkanologen bei der Arbeit

Observatorium

Schutzhelm

Probenlanze

● Die Wissenschaftler untersuchen mit einer Probenlanze die Temperatur und die Beschaffenheit der Lava. Mithilfe von Seismografen messen sie die Stärke von Vulkanbeben. Ein speziell dafür entwickelter Roboter, der Dante II heißt, entnimmt Proben ganz nah am Vulkaninneren. Mit den Daten ist es Vulkanologen möglich, ungefähr vorauszusagen, wann ein Vulkan ausbricht. So kann man die Menschen warnen, die an einem Vulkan leben, und sie in Sicherheit bringen.

Wichtige Voraussagen
Die Arbeit der Vulkanologen hat schon viele Menschenleben gerettet. Beim Ausbruch des *Pinatubo* (1991) verloren eine Million Menschen ihr Zuhause. Nur der rechtzeitigen Warnung der Vulkanologen ist es zu verdanken, dass diese Menschen vor dem Ausbruch evakuiert wurden.

Gasmaske
Hitzebeständiger Schutzanzug
Schutzhandschuhe
Dante II

Warum sind Vulkane gute Nachbarn?

Trotz der Gefahr leben viele Menschen in der Nähe von Vulkanen, da Vulkanerde sehr viele Mineralien enthält. Diese Nährstoffe werden vor allem von Pflanzen zum Wachsen gebraucht. Auf Vulkanerde wachsen Zitronen, Mandarinen, Obstbäume, Feigen- und Olivenbäume ohne Kunstdünger. Außerdem speichert Vulkanerde sehr gut Wasser.

Auf Lanzarote pflanzen die Bauern Wein auf kleinen Aschefeldern an und schützen die Pflanzen vor dem heißen Wind durch kleine Mauern.

Vulkanerde ermöglicht zwei bis vier Ernten im Jahr.

● Vulkane liefern uns eine Reihe nützlicher Produkte. Bleiben die Gase der Lava beim Erkalten im Stein, entsteht beispielsweise Bimsstein. Bimsstein ist so leicht, dass er auf Wasser schwimmt. Man kann mit ihm sehr gut Dreck von der Haut scheuern. Harter Basalt wurde früher zu Pflastersteinen verarbeitet, heute wird er gemahlen und Teer beigemischt. Schwefel ist ein wichtiger Grundstoff für die chemische Industrie.

Bimsstein

Pflastersteine (Basalt)

Schwefel

● Auch Diamanten verdanken ihren Ursprung den Vulkanen. Die wertvollsten Edelsteine der Welt werden unter hohem Druck und hoher Temperatur in großen Tiefen geschaffen. Bei Vulkanausbrüchen werden sie nach oben geschleudert. Die größte Diamantmine der Welt ist das *Big Hole*, ein ehemaliger Vulkanschlot in Südafrika. Seit der Öffnung der Mine wurden dort etwa 3 000 Kilogramm Diamanten ans Tageslicht gebracht.

Rohdiamant

Big Hole

Wer gab den Vulkanen ihren Namen?

Die alten Römer glaubten, dass ein kleiner Vulkan im Mittelmeer der Sitz des römischen Schmiedegottes Vulcanus sei. Das Dröhnen und Schlagen seines Hammers drang aus dem Berg nach draußen. Wenn Vulcanus zornig war, soll er die Menschen mit Donner und Feuer gestraft haben.
Von seinem Namen wurde der Name für alle Feuer speienden Berge abgeleitet: Vulkane.

Der Gott im Ätna

Der Feuergott der alten Griechen hieß Hephaistos. Der Sage nach lebte er im *Ätna* auf Sizilien. Hephaistos stellte Waffen für andere Götter her. Immer, wenn er auf das glühende Eisen schlug, soll ein Funkenregen aus dem Vulkan gekommen sein.

Vulcanus schmiedete mithilfe einäugiger Riesen Waffen und Rüstungen für die anderen Götter, z. B. für Herkules.

● Im hawaiischen Vulkan *Kilauea* soll die Vulkangöttin Pele leben. Sie sieht wie eine alte Frau mit weißem Haar aus. Manche behaupten dagegen, sie sei ein junges Mädchen mit langen blonden Haaren. Ist Pele wütend, öffnet sie mit einem Fußtritt den Krater und lässt einen Lavastrom frei. Lava, die zu dünnen Fäden erstarrt, wird nach ihr benannt: Peles Haar.

● Viele Japaner verehren den *Fudschijama* als den Thron der Götter. Auf ihm wohnt Kunitokotache, der Geist, der Japan beschützt. Einer Legende nach kann nur derjenige den *Fudschijama* besteigen, der reinen Geistes ist. Jedes Jahr brechen viele Gläubige zum Gipfel dieses Vulkans auf. Der *Fudschijama* ist das letzte Mal 1707 ausgebrochen. Mit 3 776 Metern Höhe ist er der höchste Berg Japans.

Der Gipfel des *Fudschijama* ist das ganze Jahr über mit Schnee bedeckt.

Wo gibt es im Weltall Vulkane?

Wissenschaftler haben auch auf anderen Planeten Vulkane entdeckt, zum Beispiel auf dem Mars und der Venus. Die Vulkane auf der Venus sollen sogar aktiv sein. Deswegen findet man riesige Schwefelwolken in der Atmosphäre des Planeten. Außerdem entdeckte man, dass einer der 16 Monde des Jupiters auch Vulkane besitzt. Dieser Mond heißt Io.

● 1977 wurden zwei Raumsonden gestartet: Voyager I und Voyager II. (Voyager kommt aus dem Englischen und heißt „Reisender".) Ihre Aufgabe war es, Planeten zu fotografieren und die Fotos zurück an die Erde zu senden. 1979 flogen sie am Io vorbei und entdeckten Vulkane auf ihm. Die Weltraumsonden werden nicht zur Erde zurückkehren, sondern im Weltall verschwinden.

Gasexplosion auf dem Io

Voyager

● Der größte Vulkan unseres Sonnensystems steht auf dem Mars. Er wird *Olympus Mons* genannt. Er ist fünfmal so groß wie der größte Vulkan der Erde. Der *Olympus Mons* ist 26 000 Meter hoch und hat einen Kraterdurchmesser von 70 Kilometern. Er wurde 1971 von einer Raumsonde entdeckt.

Olympus Mons auf dem Mars

Welche berühmten Vulkane gibt es?

Es gibt sehr viele berühmte Vulkane auf der Welt. Einige sind besonders gefährlich, andere werden besonders verehrt.
Auf dieser Karte findest du die bekanntesten Vulkane der Welt.

Mount St. Helens
Höhe: 2550 Meter
Letzter Ausbruch: 1986
Phase: aktiv
Stratovulkan

Popocatépetl
Höhe: 5457 Meter
Letzter Ausbruch: 1994
Phase: aktiv
Stratovulkan

Prüfe dein Wissen!

Zu den Bildern auf dieser Seite wird dir jeweils eine Frage gestellt. Wenn dir die Antwort nicht einfällt, dann suche im Buch einfach die abgebildete Illustration.

Wie nennt man diese Lavaform?

Wie heißt dieser Vulkan?

Welchen Beruf hat dieser Mann?

Auf welchem Planeten liegt dieser Vulkan?

Welche Vulkanform ist das?

Welcher Vulkanausbruch-Typ ist das?

Wie heißen diese Dampfsäulen?

In welcher Phase ist dieser Vulkan?

Wie heißt dieses vulkanische Produkt?

Wie heißt diese Kette von Vulkanen?

Wie heißen die Stellen, an denen solche Vulkane entstehen?

Register

Aa-Lava 18, 19
Ätna 36, 41
Asche 23, 24, 26, 27
Aschefeld 34
Ascheregen 20, 23
Atmosphäre 26, 27

Basalt 35
Beerenberg 40
Besymiannij 41
Big Hole 35
Bimsstein 35

Caldera 30
Chlorwasserstoff 22
Cotopaxi 40

Dante II 33
Diamanten 35
Divergente Plattenzone 12

Eifel 31
El Chichón 40
Erdkern 8
Erdkruste 8, 9, 10, 12, 14
Erdmantel 8, 9, 10, 12, 14
Erdwärmekraftwerk 29

Fernandina 40
Feuerring 11
Fluorwasserstoff 22, 27
Fudschijama 37, 41
Fumarole 29

Gas 22
Gasmaske 33
Geysir 28
Gemündener Maar 31

Hawaii 15
Hawaii-Typ 21
Hekla 40
Hephaistos 36
Hotspot 14, 15

Io 38, 39
Island 28, 29

Jupiter 38

Kalksinterterrasse 29
Kieselsäure 18
Kilauea 37, 40
Kilimandscharo 41
Kissenlava 19
Kohlendioxid 22
Kontinentaldrift 9
Kontinentalplatte 9, 10, 11, 12, 14, 15
Krakatau 11, 21, 23, 27, 41
Krakatau-Typ 21
Krater 16, 17
Kunitokotache 37

Laacher See 31
Lanzarote 34
Lapilli 22, 23
Lava 18, 19, 20, 21, 22, 23, 33, 35

Magma 16, 17, 18, 21, 30
Magmakammer 16, 30
Mars 38, 39
Mauna Loa 15, 40
Mittelozeanischer Rücken 12
Mosaik 25
Mount Erebus 40
Mount St. Helens 23, 40

Nebenkrater 16, 17
Nevado del Ruiz 40
Novarupta 23

Observatorium 32
Ojos del Salado 40
Olympus Mons 39
Oraefajokull 23
Ozonloch 27

Pahoehoe-Lava 18, 19
Pangäa 9
Paricutín 17
Pele 37
Pelée-Typ 21

Pico del Teide 40
Pinatubo 11, 23, 33, 41
Plinius 25
Poás 40
Pompeji 24, 25
Popocatépetl 40
Probenlanze 32, 33

Raucher 13

Santorin 41
Sauerstoff 22
Schildvulkan 17, 41
Schlackestück 23
Schlammlawine 20, 22
Schlammtopf 29
Schlot 16, 20, 21, 30
Schutzanzug 33
Schutzhandschuhe 33
Schutzhelm 32
Schwefel 35
Schwefeldioxid 22
Seillava 19
Seismograf 33
Smoker 13
Spaltenvulkan 17
Stickstoffoxid 22
Stratovulkan 17, 40, 41
Stricklava 19
Stromboli 41
Stromboli-Typ 21
Subduktionszone 10, 11
Surtsey 31

Taal 41
Tambora 23, 41
Tiefseegraben 10
Totenmaar 31

Unterwasservulkan 12
Usu 26

Venus 38
Vesuv 23, 24, 25, 41
Vesuv-Typ 21
Villarrica 40

Voyager 39
Vulkanausbruch 20
Vulkanbeben 33
Vulkanbombe 23
Vulkanerde 34
Vulkanologe 32, 33
Vulkansee 30
Vulcanus 36

Weltall 38, 39

FRAG MICH WAS!
Das wollen Kinder wissen!